RÉCEPTION OFFICIELLE

À PARIS

DU TRIBUNAL D'ARBITRAGE

POUR LES PÊCHERIES

DE LA MER DE BEHRING

(23 MARS 1893)

PARIS

IMPRIMERIE NATIONALE

M DCCC XCIII

RÉCEPTION OFFICIELLE

À PARIS

DU TRIBUNAL D'ARBITRAGE

POUR LES PÊCHERIES

DE LA MER DE BEHRING.

(23 MARS 1893.)

RÉCEPTION OFFICIELLE

À PARIS

DU TRIBUNAL D'ARBITRAGE

POUR LES PÊCHERIES

DE LA MER DE BEHRING

(23 MARS 1893)

PARIS

IMPRIMERIE NATIONALE

M DCCC XCIII

RÉCEPTION OFFICIELLE

À PARIS

DU TRIBUNAL D'ARBITRAGE

POUR LES PÊCHERIES

DE LA MER DE BEHRING.

(23 MARS 1893.)

Les membres du Tribunal d'arbitrage pour les pêcheries de la mer de Behring, constitué en vertu du
Traité signé à Washington, le 29 février 1892,
entre la Grande-Bretagne et les États-Unis d'Amérique, se sont réunis au Ministère des Affaires Étrangères de France, le jeudi 23 mars, à deux heures.

Son Excellence M. Develle, Ministre des Affaires
Étrangères, leur a souhaité la bienvenue en ces
termes :

Messieurs,

M. le Président de la République vous dira dans un
instant avec quelle satisfaction il a vu deux grandes na-

tions amies faire choix de la capitale de la France pour la réunion du Tribunal arbitral qui doit examiner et résoudre le différend qui les divise.

Je suis heureux de mettre le Ministère des Affaires Étrangères à votre disposition pour la tenue de vos séances; je considère comme un grand honneur de pouvoir saluer, au début de leurs travaux, les membres de ce Tribunal, où siègent des hommes d'État désignés pour la noble fonction d'Arbitres par l'éclat qui s'attache à leurs noms et par les éminents services qu'ils ont rendus, soit à la tête du Gouvernement de leur pays, soit dans les plus hautes charges de la magistrature ou de la diplomatie, soit dans les assemblées politiques.

Je tiens à saluer, en même temps, les Représentants et les Conseils des deux Parties, que tant de titres recommandent à la confiance de leurs Gouvernements respectifs et qui doivent être secondés par des jurisconsultes et des orateurs d'un si grand renom.

Messieurs, en vous souhaitant la bienvenue, je puis vous donner l'assurance que l'accueil que vous recevrez parmi nous sera digne des services qui vous ont illustrés et des nobles pays qui vous ont confié la mission de les représenter ou de défendre leurs intérêts.

M. le baron DE COURCEL, Arbitre français, a ré-
pondu au nom du Tribunal; il a remercié M. Develle de ses souhaits de bienvenue, et, tout en dé-
clarant que la tâche dévolue au Tribunal était
délicate et serait, sans doute, longue, il a exprimé
l'espoir que le succès couronnerait ses travaux. Il
lui serait donné ainsi d'établir un heureux précédent
pour la solution par l'arbitrage des questions internationales de l'avenir.

M. le baron DE COURCEL a présenté ensuite offi-
ciellement au Ministre ses Collègues, ainsi que les
Agents et les Conseils de chaque Partie.

M. DEVELLE, après quelques moments d'entretien,
s'est retiré, et le Tribunal est immédiatement entré
en séance.

Le Tribunal a choisi pour Président M. le baron
DE COURCEL, qui a prononcé l'allocution suivante :

MESSIEURS,

Vous me faites bénéficier de l'usage courtois qui,
dans les réunions d'un caractère international, attribue

au représentant du pays où elles siègent la présidence de leurs travaux. Je vous en remercie pour mon pays et pour moi-même.

Lorsque les Gouvernements de la Grande-Bretagne et des États-Unis d'Amérique ont décidé de terminer par les voies amiables d'un arbitrage le litige déjà ancien des Pêcheries de Behring, et lorsqu'ils ont choisi Paris pour siège du Tribunal arbitral institué en vertu de leurs accords, ils ont fait à la France et à sa capitale un honneur insigne. J'ose dire que l'une et l'autre en étaient dignes.

Nulle part, assurément, vous ne sauriez trouver l'atmosphère d'une plus sincère, d'une plus chaleureuse sympathie pour l'œuvre grande et bonne que vous êtes chargés de poursuivre. A travers les chocs et les épreuves qu'inflige inévitablement à tous les hommes la dure réalité des choses, la France est demeurée une nation obstinément idéaliste; toute conception généreuse la touche et l'entraîne; elle est passionnée pour la cause du progrès dans l'humanité. Or quel but plus idéal, quel progrès plus noble et plus digne de recherche que la disparition graduelle des recours à la force brutale entre les peuples de la terre? La procédure arbitrale y vise, et chaque arbitrage nouveau nous en rapproche, en fournissant une preuve de plus de la possibilité matérielle de ce qui, hier encore, n'apparaissait que comme un rêve.

Il y a quelques années, les arbitres convoqués à Genève, par l'autorité pacifique d'une sentence que deux fières et puissantes nations s'étaient engagées d'avance à accepter, mettaient heureusement fin à une discussion qui semblait n'avoir d'autre issue possible que la guerre. L'arbitrage de l'Alabama fait époque dans l'histoire des relations internationales; on peut dire qu'il a rajeuni l'antique droit des gens, et qu'il lui a ouvert une ère nouvelle, avec la perspective d'une action indéfiniment bienfaisante. Les deux nations qui se sont soumises au verdict de Genève, malgré des sacrifices qui, dans les premiers moments, ont pu coûter à l'une et à l'autre, ne se sont pas repenties, à la longue, de leur appel à la force purement morale, puisqu'elles-mêmes le renouvellent aujourd'hui, d'un commun accord, dans des circonstances analogues.

Le procès qui va se plaider devant vous n'est point de ceux, il est vrai, qui, selon l'apparence, pouvaient déchaîner le redoutable fléau de la guerre. Mais, en dehors de cette extrémité fatale, combien de maux ne causent point aux peuples un refroidissement durable et la persistance de sentiments amers ! Comme les individus, les nations se doivent la charité; et lorsque, cédant aux conseils de l'orgueil, elles manqent à la loi providentielle, elles se condamnent elles-mêmes à bien des souffrances. Si les conciliations de l'arbitrage n'avaient d'autre effet que de les préserver de ce péril, elles feraient encore aux peuples un bien incalculable, et serviraient très utilement la fraternité humaine.

Votre présence dans cette salle, Messieurs, est le plus éloquent témoignage du prix qui s'attache à la décision attendue de vous.

L'Angleterre, de tout temps si féconde en éminents jurisconsultes, les États-Unis, le Canada, qui continuent, à leur tour, dans le Nouveau-Monde, une tradition dont l'origine atavique doit être cherchée peut-être sur notre vieux sol normand, ont député ici des personnages dont la science et la rare perspicacité ont été éprouvées dans les plus hautes et les plus délicates fonctions de la magistrature, ou dans les discussions d'assemblées politiques renommées pour leur prudence. A côté d'eux, je vois siéger un homme d'État, sage héritier de l'illustre Cavour, et dont la diplomatie européenne, aux conseils de laquelle il manque, n'a pas cessé de regretter la retraite prématurée et volontaire. Un autre de nos collègues, venu du Nord scandinave, et que sa réputation a devancé ici, occupait naguère dans sa patrie l'un des postes les plus élevés que puisse conférer la juste confiance du souverain de deux royaumes jumeaux, également jaloux de leur individualité.

A votre barre se présentent, au nom des deux Grandes Puissances qui vous ont remis le règlement de leur cause, des hommes politiques de premier ordre. L'un d'eux dirigeait hier les relations internationales de la Grande République américaine. Ils sont assistés de Conseils habitués à briller au premier rang, tantôt au barreau, tantôt dans le Gouvernement de leur pays, et que l'admiration de leurs concitoyens, de chaque côté de l'Atlantique, salue du titre de princes de l'éloquence.

C'est un honneur qui suffit à illustrer une existence entière que d'être appelé à siéger près de pareils hommes. La responsabilité de les présider serait bien effrayante, si celui de leurs collègues qu'ils ont chargé de cette tâche ne devait compter sur leur indulgent et infaillible appui.

Puisse la divine Providence, de qui relèvent toutes les actions des hommes, nous donner la force et nous inspirer la sagesse nécessaires pour accomplir notre difficile mission, et pour marquer ainsi une étape vers la réalisation de la parole pleine de consolation et d'espoir de Celui qui a dit : « Bienheureux les pacifiques, car la terre leur appartiendra ! »

Messieurs, je crois être l'interprète de votre pensée à tous en vous proposant d'interrompre ici notre séance, afin de porter à M. le Président de la République Française, avec l'hommage de nos respects, l'expression de notre gratitude pour l'hospitalité que nous recevons de la France.

La séance a été levée et les membres du Tribunal ont été conduits, dans les voitures de la Présidence, au Palais de l'Élysée.

Le PRÉSIDENT DE LA RÉPUBLIQUE les a reçus, ayant à ses côtés le Ministre des Affaires Étrangères, le général Borius, secrétaire général de la Présidence, et les officiers de la Maison militaire.

Son Excellence le marquis DE DUFFERIN ET AVA, Ambassadeur de Sa Majesté Britannique, et M. JEFFERSON COOLIDGE, Envoyé extraordinaire et Ministre plénipotentiaire des États-Unis d'Amérique à Paris, assistaient également à cette audience.

Le Président a exprimé aux membres du Tribunal le plaisir qu'il avait à les recevoir et l'intérêt que le Gouvernement de la République portait au succès de leurs délibérations.

Le comte d'Ormesson, Introducteur des Ambassadeurs, a présenté au Président de la République :

L'Honorable John M. Harlan, juge à la Cour Suprême des États-Unis,

Et l'Honorable John T. Morgan, Sénateur des États-Unis,

Arbitres désignés par les États-Unis.

Lord Hannen, pair d'Angleterre,

Et sir John Thompson, Ministre de la justice du Canada,

Arbitres désignés par la Grande-Bretagne.

Le marquis Emilio Visconti Venosta, ancien Ministre des affaires étrangères, Sénateur du royaume d'Italie, Arbitre désigné par l'Italie,

M. Gregers Gram, ancien Ministre d'État, Arbitre désigné par la Suède et la Norvège,

M. le baron DE Courcel, Sénateur, Ambassadeur de France, Arbitre désigné par la France,

Et M. Imbert, Ministre plénipotentiaire, secrétaire du Tribunal d'arbitrage.

Son Excellence le marquis DE Dufferin et Ava, Ambassadeur de Sa Majesté Britannique, a présenté ensuite :

L'Honorable Charles H. Tupper, Ministre de la Marine et des Pêcheries du Canada, Agent du Gouvernement Britannique ;

Et les Conseils de son Gouvernement :

Sir Charles Russell, Attorney Général de Sa Majesté Britannique ;

Sir Richard Webster, ancien Attorney Général de Sa Majesté Britannique ;

M. Christopher Robinson,

Et M. M. H. Box;

Ainsi que MM. R. P. Maxwell et Ashley Froude, secrétaires attachés à l'Agent Britannique.

M. Jefferson Coolidge, Ministre des États-Unis, a présenté au Président de la République :

L'Honorable John W. Foster, ancien Secrétaire d'État, Agent du Gouvernement des États-Unis;

Puis les Conseils de son Gouvernement :

L'Honorable E. J. Phelps, ancien Ministre des États-Unis à Londres,

M. James C. Carter,

M. Henry W. Blodgett,

M. Frederick R. Coudert,

Ainsi que MM. William Williams et Robert Lausing, Conseils adjoints.

Les honneurs militaires ont été rendus aux membres du Tribunal à leur arrivée au Palais de l'Élysée.

www.ingramcontent.com/pod-product-compliance
Lightning Source LLC
Chambersburg PA
CBHW050458210326

41520CB00019B/6263